# 自然之美

馬以工 著

行政院文化建設委員會策劃出版
藝術家出版社編輯製作

# 文化資產叢書序

在中華民族悠久的歷史進程中，長久累積的文化資產，有如一片色彩絢麗的錦繡，而其縱橫經緯，則是由先民的生活軌跡與智慧所交織而成。所謂文化資產，包括古物、古蹟、民族藝術、民俗文物及自然文化景觀等，其中蘊含的民族智慧與情感，確實是我國文化精神之所在，也為世世代代的藝術文化活動提供了永續的源頭活水。

文化資產的歷史意義、人文傳統與藝術價值，不僅反映了先民的生活方式與生活態度，對現代人而言，也是豐富生活內涵的重要資源。一個國家或民族的文化內涵是否豐厚，社會是否進步，文化資產的多寡是十分重要的指標。因此，保存和維護文化資產，乃成世界各先進國家無不全力以赴的標的，雖然在此一工作上，政府與民間均屬責無旁貸。但在推行與規劃過程中，卻有其現實上的困難，要雙方均能積極主動的致力於保存維護工作，有賴教育和傳播的力量，加強文化保存觀念之紮根與宣揚。

有鑑於此，本會爰將歷時多年精心策劃編印的「文化資產叢書」予以重編出版，希望藉叢書的重新發行，呈現各項文化資產清晰動人的面貌，讓我們在欣賞其藝術表現與社會意涵之餘，更能在日常生活中體認其價值。有了了解與尊重，才能喚起全民的參與及支持，進而找回我們自己對文化的信心和自尊，建立全民維護文化資產的共識。

行政院文化建設委員會主任委員　林澄枝

# 編輯例言

一、本套「文化資產叢書」係民國七十二年起由行政院文化建設委員會策劃印行，至八十六年共出版五十二本。歷經十多年，由於部分叢書已絕版，且考量若干資料宜適時更新，乃計畫重編。八十七年九月，本社受文建會委託補充叢書內容資料或圖版，並重新設計統一的編輯體例，重新編輯後予以推廣發行。

二、本套叢書依文化資產保存法第三條，分類如下：

古物類（以具有歷史及藝術價值之器物為主）。

古蹟類（以古建築物、遺址為主）。

民族藝術類（以傳統技術及藝能之表現為主）。

民俗及其有關文物類（以與國民生活有關之風俗、習慣及文物為主）。

自然文化景觀類（以產生歷史文化之背景、區域、環境及珍貴稀有之動植物為主）。

重編書籍除分類明確者外，尚有按內容性質分跨兩類領域者。

三、叢書每本頁數在六十四到八十頁之間，文字數約一萬五千字到兩萬字，圖版在五十張以上。

四、視事實需要，依據舊版叢書修訂或增刪內文，並更新或增強圖照資料的品質與豐富性，文圖兼備。

五、另按各書情況，彈性決定在書末放置參考書目或名詞解釋。

六、期望藉「文化資產叢書」的重新編輯發行，深入淺出地介紹固有文化資產，帶領讀者認識中華文化的精粹，以及文化資產保存與傳承的重要，並建立保存觀念。

藝術家出版社　何政廣謹識　中華民國八十八年三月

# 目次

〔文化資產叢書—自然文化景觀類〕

# 第一章 天地有大美而不言——前言

當十六世紀末，葡萄牙的商船由菲律賓到日本的旅途中，看到沿途有一座美麗的大島嶼，山巒起伏，覆蓋著一片濃綠，船上的水手們不禁發出伊拉・福爾摩沙的讚嘆！當時臺灣的人口沒有超過十萬人。

二十世紀結束之前，臺灣人口達兩千一百餘萬。以密度來說僅次於孟加拉居世界第二，若以其他條件，如國民所得、外匯存底、工業化程度，當然遠較孟加拉為優。只是環境改變是經濟成長所付出的代價，我們仍能被稱為福爾摩沙嗎？

美是世界的語言，福爾摩沙原是美麗之島的意思，仍為現代人所嚮往。臺灣雖經都市化的洗禮，仍有相當比例的自然地區存在。曾有專家學者表示，中央山脈所保存佔全臺面積百分之五十五的林地，是臺灣生存的屏障。

馬以工

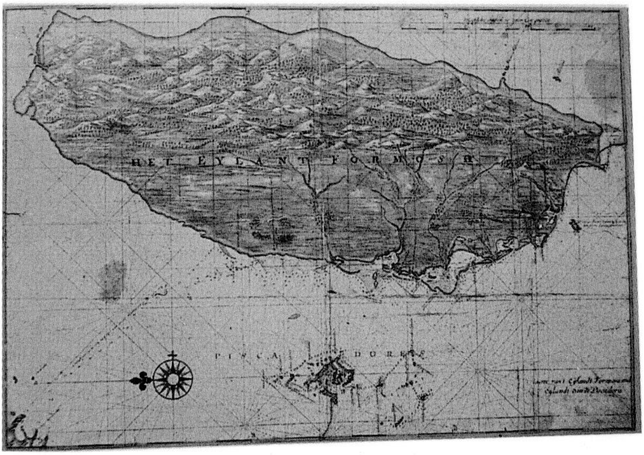

當臺北市民知道他在臺北盆地上，無處看不到那七星山竟是大屯火山群的盟主時；當東石、布袋的漁民知道，有一大片沙洲在外海保護著他們的蚵田時；當屏東滿洲的鄉民知道臺灣四千多種植物之中，他們一鄉就生長了二千多種時；當我們大家都知道有紅樹林才有螃蟹，紅樹林不僅是生在那裡、長在那裡，更重要是它豐富了我們近海的漁產時，我們就不僅僅能欣賞它們的美，更能體會出這整個自然環境之中息息相關，巧妙的生態體系了。

莊子說：「天地有大美而不言」。我們不去注意，不去瞭解，

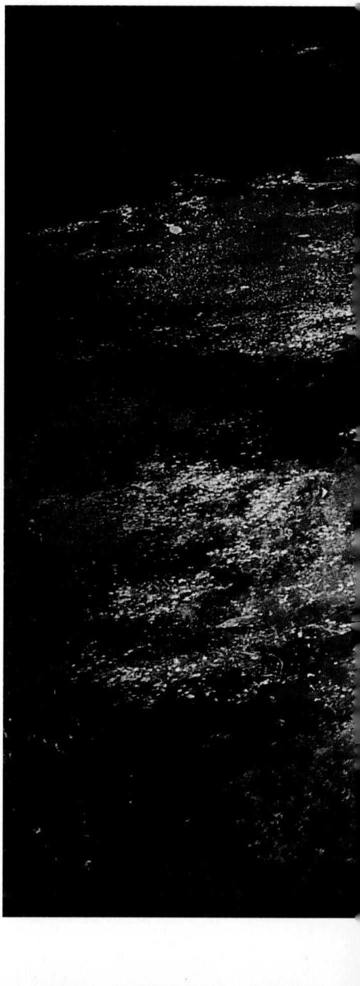

● 十七世紀荷蘭人 Vingboons 繪製的臺灣地圖，已相當接近實況。（威斯富萊斯博物館提供，謝孟雄攝影）（上圖）

● 福山植物園內的生態池，展現了浮水植物與沉水植物之美。（右圖）

● 綠島澄澈的海水，可清晰地看到海底珊瑚礁的結構。（上圖）

● 十九世紀的石版印，呈現早期哺乳動物的面貌。（大自然雜誌提供）（左圖）

這天地自然之間的大美，絲毫不會因為我們的不注意不瞭解而有所遜色，損失的只是我們自己，彷彿忘了帶眼睛白白來到這美麗的人間。當然我們更沒有權利去破壞這天地之間的大美，因為這大美是要與我們子孫，千秋萬代的人們所共享。本書嘗試以火山、高山、河流、珊瑚礁石、沙丘、海岸、熱帶雨林及沼澤等八個自然景觀為基礎，讓我們了解自然的奧妙與自然之美，當然也是臺灣之美。

# 第二章

# 大屯春色——火山之美

火山爆發是地球上所能發生最驚天動地的事件了，大約在四十六億年以前，也就是科學家推斷地球形成的同時，就開始有岩漿的噴發，今天我們所看到的湖泊、山岳有不少是因為火山爆發而形成。

今天世界上還有五百多座火山分布在澳洲以外整個地球的陸地及海洋中。由紐西蘭、太平洋列島、印尼、菲律賓、臺灣、日本到阿拉斯加，以及地中海，中南美、秘魯、智利以及冰島都是火山密集的地帶，環太平洋火山圈更是著名。

現在隨時會爆發的火山，只佔了這五百多座火山的一小部分，其他多呈休眠狀態，休止的時間由幾十年至幾千年不等。在過去如果一座火山在人類歷史的記載上都沒有爆發過，被稱之為死火山，並認為死火山不會再爆發。但是冰島的赫美火山，已經有五千年未曾爆發，

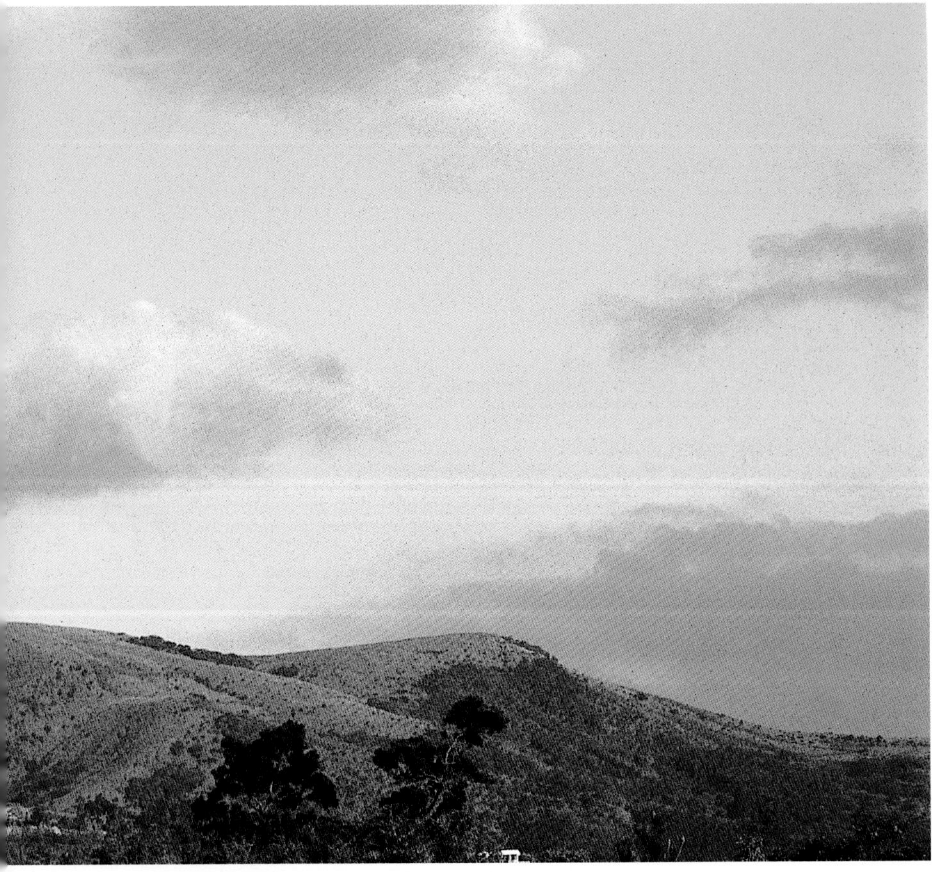

已被列入死火山之中，卻在一九七三年的一月轟動世界地爆發了。所以現在科學家寧可相信，所有在二萬五千年內有爆發記錄的火山，都是活火山。

● 陽明山國家公園的冷水坑，是舊火山遺跡之一。(上圖)

● 大屯春色是早期的勝景，大屯山頂都是箭竹林，如一個豚背一般，而有大屯之名。(下圖)

我國大規模的火山群落，只有中國大陸東北的長白山及臺灣北部的大屯火山群。澎湖列島、綠島亦有小規模火山地形。大屯火山群爆發的歷史，根據地質學家的推斷，大約發生在七十五萬到二百萬年前，因此一般人可能根本就不覺得它們是一群火山。倒是以大屯山的山色青翠山型的俊秀，將「大屯春色」列為臺灣八景之一。

大屯火山群的爆發是由大屯山開始，有些地質學家根據集塊岩層中挾有火山質礫岩的事實，相信是次由海底噴發出來的火山運動。與大屯山一同爆發形成的火山尚有面天山、竹子山、小觀音山等。而後這些火山沉寂了很長的一段時間，第二次爆發是由東邊的磺嘴山，大尖後山開始，又過了一段時間，兩組火山中間又爆發形成七星山以及其寄生火山紗帽山。七星山是最年輕的火山，除了仍保有火山的錐型山體外，它的高度一一九〇公尺，是大屯火山群的盟主，而最早爆發的大屯山都被沖蝕得圓圓鈍鈍的，古人稱之為大豚，大屯之名由此而來。

火山雖暫時不活動，大屯火山群中尚有許多火山的特殊景觀，舊火山口以小觀音山上直徑一二〇〇公尺深三百公尺最為壯觀，也有些火口由於雨水集積而變成火口湖，七星山上的夢幻湖就是其中之一。活動的硫氣口也是火山餘景，大屯火山群中此起彼落有十餘處，而以大、小油坑、馬槽最為壯觀。大屯山還會不會再爆發是大家關心的問題，已休息夠久了，但與地球四十六億年的歷史來比較，誰又能預測呢？



- 大屯火山群中的面天山，有非常明顯錐狀火山的形態，為其他火山所未見。（左頁上圖）
- 七星山的夢幻湖是火口湖，其中水韭為珍貴稀有的植物。（左頁下圖）

# 第三章

# 玉山連峰——高山之美

臺灣位於亞洲大陸棚的邊緣，在地球長久四十六億年的歷史中，臺灣還是一座年輕的島嶼，在這座島嶼上仍看得見地殼運動的痕跡。其中最特殊的一點是，在東西水平距離約一百四十公里之間，高度卻由海平面昇高到幾近四千公尺，而又降回到海平面。

這中央隆起的部分以中央山脈為主，其中超過三千公尺高度的大山有二百餘座，登山界將其中有名氣者分成五嶽、三尖、十崇、九嶂、八十四峰。也有人把其中一百座名山定為攀登的目標，即是著名的百岳。但不論如何排名，玉山都是盟主，除了三千九百五十公尺的高度名列本省第一高峰外，它同時也是西太平洋邊緣的第一高峰。

除了玉山主峰外、東峰（三九〇〇）、北峰（三九二〇）、南峰（三九〇〇），高度也都在伯仲之間，山峰相連，崇俊宏偉，到了冬天，玉山連峰上都舖著一層白雪，晶瑩如玉，玉山之名也因此而來，而玉山積雪更是臺灣八景之一。

玉山在很久以前可能更高，有些地質學家推測，玉山正位在臺灣地殼上升軸線經過的地方，上面有一部分的未變質沉積岩向西方滑落，這滑下的一塊岩層，就是海拔二千三百公尺的阿里山。

而從阿里山的祝山上，正好可以清晰的看到太陽從玉山連峰後昇起，隨著春分、夏至、秋分、冬至節氣的不同，日出的位置也不同，今天阿里山觀日已成勝景之一，不知千百萬年以前，阿里山由玉山背上滑落的一刻，有沒有想到這個巧合。

臺灣的土地每年都在昇高，近海邊的珊瑚礁每年昇高零點五公分，高山地區大約一點二公分，雖

- 玉山香柏。（徐國士攝影）（右圖）
- 臺灣超過三千公尺的高山有一百多座，玉山連峰的景色秀麗。（左頁圖）

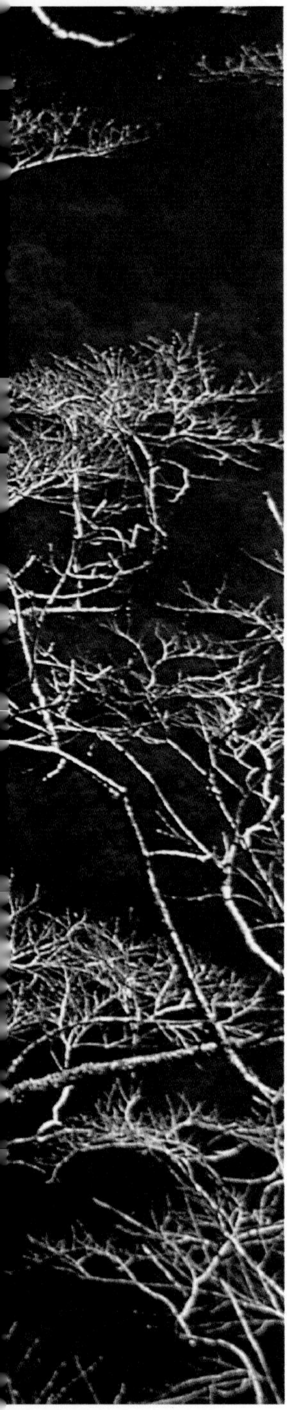

● 高山植物有豐富的色彩及可愛的造型。(大自然雜誌提供)(上圖)

● 高山的景色與臺灣平地所見迥然不同，常給人置身異國的感覺。(左圖)

然這並不是很大的數目，但經年累月地往上昇，也相當可觀。只是玉山山頂，一面遭受強烈的風化作用，一面又受到侵蝕崩坍的影響，每年也幾乎要下降一點二公分，以致多少年來高度的變化不會太大。

玉山的美除了山形俊偉外，玉山的山坡上尚有許多珍稀的植物，在主峰的碎石坡下是玉山圓柏，又名香青，它看似矮小的灌叢，卻是不折不扣的喬木，只因為長年受到強風吹襲，不得不伏地而生。在山谷中吹不到風的地方，是在海拔三千公尺以上仍能挺立的冷杉，山坡上的高山杜鵑在每年五月間都會爭相開放，點綴著高山的暮春。玉山還是本省三大水系濁水溪、下淡水溪及秀姑巒溪的源頭，有這麼豐盛的生命力，可想像古人以「高山仰止」來形容君子的美德。

● 平地難得一見的雪景，是高山地區獨特的吸引力。（莊明景攝影）（上圖）

● 為薄雪輕覆的玉山主峰，展現另一種風采。（莊明景攝影）（左頁圖）

# 第四章

# 峽谷奇石——河谷之美

河流與人類文明的發展，有不可分割的關係，人類文明發源的幼發拉底河與底格拉斯河，可能就是聖經中所傳談的伊甸園，埃及文明是起源於尼羅河的定期泛濫，中華文化亦是源於黃河流域。

本省是一個年輕的島嶼，地形變化多端。三十幾條主要的河流都是源於深山幽谷中的飛瀑急流，很快地流入平原後卻又形成廣大的沖積扇。乾季時大多只剩下一泓淺流，在寬闊的鵝卵石河床上；雨季時洪流洶湧，奔流入海。這些河流大多數無法行船，經年有水流，仍有河流風貌的只剩下淡水河、基隆河及秀姑巒溪。而這三條河流中只有秀姑巒溪尚未遭受污染。

秀姑巒溪的主要支流拉庫拉庫溪源自秀姑巒山，也是自玉山山塊發源的水系之一，經過玉里就流入花東縱谷，在遠古時可能是順著縱谷流到花蓮入海，卻又遭受到河流襲奪作用，橫切斷了海岸山脈流入太平洋。

前人已知曉秀姑巒溪的天然美景，文獻上描述:「兩岸山脈起伏、

● 卯澳地區小溪的出海處，已有巨榕叢生，是東北角海岸的勝景。（上圖）

● 立霧溪支流的神祕谷。（左圖）

● 基隆河上游在平溪地區，有無數的瀑布群，且水質清澈，景色優美。（右頁圖）

● 臺東海岸馬武窟溪的出海口，有潔白石灰石峽谷，是不遜於秀姑漱玉的美景。（上、左圖）

絕壁峭立，奇巖峻峙、怪石錯雜、水流尤急，激蕩於兩岸小石，浪花掀舞如雪、溪險如入三峽。」這段文字是在形容秀姑巒溪流經海岸山脈的景色，特別是在奇美一帶，還有許多直角的轉彎，這裡河流湍急，行舟至此必須靠拉縴，以往只有原住民出入其間。

由奇美到入海口還有二十一公里，文獻上描述：「悉在峽谷中，複疊紆曲、亂石阻流……花蓮八景名曰『秀姑漱玉』，狀溪中皚皚白石，參差於奔流急湍之間也。」秀姑漱玉形成的原因是秀姑巒溪流經

海岸山脈時，正好切過一段石灰岩地區，晶瑩潔白的石灰石在溪水的沖刷下，一塊塊地在水面上起伏，而得秀姑漱玉的美名。

臺灣東部海岸山脈有豐富的石灰石礦，河流切割過山谷而使石灰石露出河谷中的美景，在臺東東河橋下的馬武窟溪亦可見到，只是不如秀姑漱玉這般幽雅。更有名的當屬立霧溪流經天祥到太魯閣之間的峽谷，「魯閣幽峽」也是臺灣八景。這裡除了變質石灰岩（大理石）外尚有片麻岩、綠色片岩、黑色片岩等，形成名聞國際的太魯閣峽谷。

現在秀姑漱玉早已被挖空，太魯閣峽谷也時有崩坍。自然美景都是經過千百萬年的時間方形成，但破壞卻往往只在旦夕之間。

- 立霧溪支流的神秘谷。（右上圖）
- 十分瀑布，是臺灣少數的瀑布之一，水量驚人，為大眾所喜好。（右下圖）
- 太魯閣峽谷最接近處，不過相隔一公尺餘，是非常獨特的峽谷景觀。（左頁圖）

# 第五章

# 珊瑚裙礁——礁石之美

● 南臺灣的海岸，在恆春半島為珊瑚礁所環繞，是特殊的珊瑚礁海岸。（上圖）

● 恆春半島的太平洋濱，有獨特珊瑚礁與砂岩夾雜處，這裡是砂岩經海水侵蝕後的景色。（左圖）

臺灣四周的海域散佈著造礁珊瑚，除了砂岸及泥質海岸外，常常可以見到珊瑚礁發育，只是有些地方像基隆富貴角一帶尚未發育完全，並不明顯，而野柳北海岸一帶又在低潮線以下，要潛入水中才能看到。也有些珊瑚礁因為地質變動而隆起地面，形成臺地或山丘，大、小崗山、半屏山都是，有時上面長滿了植物，也看不出所以然來。只有恒春半島不但有最適合珊瑚礁發育的地理條件，而且各處的景觀都顯而易見。

恒春半島南段幾乎都被珊瑚礁

所環繞，海底有還活著的現生珊瑚，靠海岸是珊瑚裙礁，陸地上是隆起的珊瑚礁臺地（又稱高位珊瑚礁），最高的地方達二百多公尺。在這條長長的海岸線上，珊瑚礁的形成也有年代的不同，海岸的裙礁大約已有二千一百年的歷史，而靠近海岸的平地下面也都是珊瑚礁岩，約已有六千三百年左右的歷史，隆起的珊瑚礁臺地就更久遠了。

墾丁熱帶植物園就是在高位珊瑚礁的頂點。這一大片臺地上有珊瑚礁岩間裂縫所形成的狹谷，其中最壯觀的就是一線天。臺地上也有很多石灰岩洞穴，像仙洞的特殊地景，洞中地下水可以溶解石灰岩中的碳酸鈣，並且再度沉積，出現在洞穴上方垂懸向下的就是鐘乳石。滴落在地面逐漸沉澱出碳酸鈣柱體的就是石筍了。這些洞穴中的鐘乳

● 綠島是由無數珊瑚礁構成，靠近海水溫泉處，可看到陸上的珊瑚礁岩。（上圖）

● 墾丁國家公園的龍坑，是由隆起珊瑚礁所形成的特殊景觀。（左頁上圖）

● 墾丁國家公園靠近鵝鑾鼻半島，可看到近海處高位珊瑚礁岩洞及海蝕景象。（左頁下圖）

- 船帆石是突立在海邊的珊瑚礁岩，成為墾丁國家公園的勝景。（上圖）
- 綠島沿海也不乏突立在海岸的珊瑚礁石。（左圖）
- 綠島獨有海水溫泉，目前已被破壞。（右圖）

石、石筍美景，都要經過數以萬計的長久年代才能形成。

鵝鑾鼻附近是一塊較低的珊瑚礁臺地，在燈塔西側的海岸，可以看到一塊塊交錯排列的高位珊瑚礁，有步道可行走其間如同走迷陣，礁石上覆生著多種熱帶蔓生植物。其間尚有石灰岩洞，可避風遮雨，有史前人類居住的遺跡。燈塔的東側是另一處高位珊瑚礁，這一帶叫龍坑，因為地形險惡，似想像中之神龍巢穴。龍坑的礁石接近海岸，除了長久接受海浪襲擊外，更因直接面對強烈的東北季風，礁石上並沒有植物纏生，景觀與背風的西側迥然不同。

恒春半島西側，貓鼻頭半島的地形與龍坑相近，也是怪石嶙峋，貓鼻頭石下是裙礁海岸，受到強烈的海蝕作用，有著海蝕溝、海蝕壺穴，及海蝕礁柱。貓鼻頭與鵝鑾鼻之間的海灣上，有一塊高二十七公尺的船帆石立在海岸上，這是古舊的珊瑚礁滾落海中，卻因年代久遠質地堅硬，海水無法侵蝕，而得以長久屹立在海岸上。

佳樂水一帶，因為山地逼近海岸，是砂頁岩的海蝕地形，亦有許

多怪石。佳樂水以北一直到九棚灣，還有繼續的珊瑚裙礁。珊瑚礁除了形狀奇特之美外，珊瑚礁所形成的小水域，是熱帶魚生活及各種魚類幼苗孵育的所在地，也是一個複雜而重要的生態系。有其保存的價值。

● 珊瑚礁在沿海形成的潮間帶，生物相豐富，是重要的生態體系。（上、下圖）
● 東北角海岸的海蝕平台，是海水運動數百萬年的結果，才形成的獨特景觀。（右頁上圖）
● 水莞花是珊瑚礁岩上生長的特有植物，其他地方都看不到，枝型優美如同盆景。（右頁下圖）

# 第六章 外傘頂洲——砂洲之美

臺灣終年雨量充沛並沒有沙漠。只有在海岸地區因漂砂形成砂丘地形或砂洲及海風吹沙形成砂河、砂瀑等類同沙漠的地形。

臺灣西南海岸，在主要河流的出海口都會形成一連串的砂洲，遠在荷蘭人佔領臺灣時期所繪製的地圖上，已經標示臺江灣即被連接的砂洲所包圍，先民們稱這些砂洲為鯤鯓，「鯤」是莊子逍遙遊說北冥有魚，其名為鯤，鯤之大不知其千里也，鯤鯓正如同在海中浮起的魚背。著名的億載金城原名二鯤鯓砲臺，就是建築在第二座砂丘之上。

地理學家陳正祥教授認為，臺灣西南海岸的海灣，事實上並非海灣，而是河流出口漂沙所形成的潟湖。在這些沿海的砂洲中面積最大的是嘉義與雲林交界的離岸砂洲－外傘頂洲，它長約五公里，寬約一．二公里，面積與小琉球相同，上面

● 外傘頂洲偶而會出現漁民的臨時建築，颱風或大浪後就蕩然無存。（上圖）

● 濁水溪口的外傘頂洲，是全省最大的岸外砂洲，全區寸草不生，如同沙漠。（右頁圖）

佈滿砂丘，砂丘與砂丘間的窪地經常蓄有淡水。外傘頂洲泥砂的主要來源是濁水溪，砂洲與嘉雲海岸線之間形成四十度的夾角，到砂洲的最南端，離海岸已經十五公里遠了，目前正縮小中。

西北海岸受到東北季風的影響，再加上河流不大，海岸並無漂砂堆積的砂洲。在桃園一帶有海岸砂丘的特殊地形，大園西方有發育良好的砂丘群，稱為草漯（音踏）砂丘群，東西方向延伸約八公里，整個砂丘群的面積約四平方公里，外緣是寬約數十公尺到數百公尺的砂灘，飛砂堆積到高潮線以上，掩蓋面積達二十七平方公里。除此之外尚有與東北季風方向平行之單獨砂丘存在，有的長達一．五公里，也有短到五公尺的新月型小砂丘，有時數個新月型小砂丘前後連接，形成一小群砂丘，目前大部分成了中正機場。

最奇特的還是在恒春半島，船帆石的東北方向，有一條直線狀的凹谷，一直貫穿到太平洋岸。靠近太平洋端，冬天受到東北季風的影

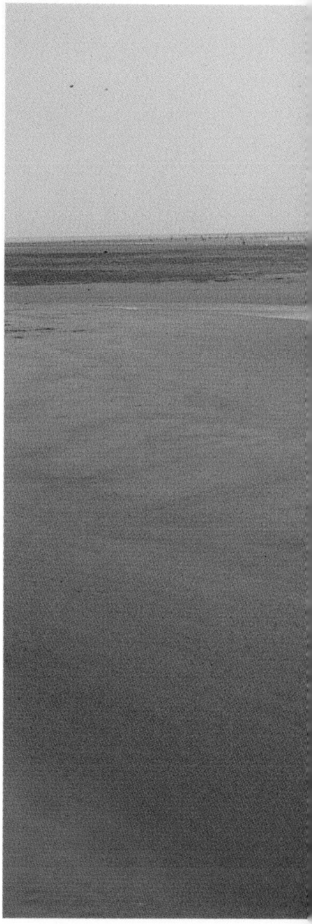

●外傘頂洲也有人來插蚵，呈現出海田的景象。與東石、布袋的景色相似。（上、右圖）

響，把海沙吹到凹谷中，一直把它掩沒，夏季沙粒又隨著雨水流回海中，變成一條砂河，砂河是此起彼伏一個又一個的沙丘。有的被風吹得平滑似鏡，也有的會皺起一條條沙紋，雨季時馬鞍籐會冒出綠芽在上面生長，冬天時卻只剩下枯籐纏結，風吹沙是獨一無二的，只可惜一條公路已將它生態平衡整個破壞而消失了。

風吹沙上的公路不僅破壞了景觀，也破壞了一個平衡的生態體系。海濱的砂丘有雨季時幫助儲存淡水，加速洩洪及防止海水浸入地下水等功能，卻久為人們所忽視。

● 海岸與外傘頂洲間的淺海，有許多養殖設施。（上圖）

● 由外傘頂洲往海中看，仍可看到漁民在淺海中作業。（右圖）

# 第七章
# 海蝕奇景——沿岸之美

臺灣本島的最北點富貴角到最東點三貂角，在這直線距離約八十五公里的二點之間，在地圖上看起來十分奇妙地幾乎成一直線。在地質構造上是地層走向與海岸線垂直的地方，加上它獨一無二正東北向的方位，迎著強烈的東北季風及巨浪，造成一連串的海蝕海岸奇景。

地質史上記載，北海岸會沉沒在海水之中，堆積了臺灣本島侵蝕沖涮下來的新岩層，到新生代第四紀，地殼隆起，隨即又是強烈的海蝕作用。海浪沖拍，使較硬的砂岩凸出成岬，富貴角、野柳、八斗子、深澳岬、鼻頭角、龍洞岬、三貂角均是景色奇麗的海岬，尤其野柳一帶，世界上至今無法找出可匹敵的海蝕景觀。較軟的頁岩被海浪沖蝕凹進成灣，金山、萬里、基隆、龍洞、福隆是泥沙海灣，不似其他地區海灣般平淡無奇，鼻頭角附近的

● 綠島海岸的珊瑚裙礁。（上圖）

● 東北角海岸的高位海蝕洞，證明了海平面過去的位置，是陸地隆起的實證。（左頁圖）

海階、龍洞灣到和美是一大片幾乎與海平面等高的海蝕平臺，上面有一層層海浪浸蝕的波紋。地質學家估計，形成這樣的景觀大約需要一萬年，而海浪需要另外一百萬年的時間，才會將它再沖蝕殆盡。

有這般海蝕奇景的海岸地區並不多，日本的九州列入國立公園的日南海岸與野柳比起來，尚遜色甚多。

在所有海蝕奇景中，以長三公里，平均寬度卻只有一百公尺的野柳岬最為奇特，野柳岬上的奇岩怪石較有代表性的為蕈狀石及燭臺石。蕈狀石像一朵朵排列有序的蘑菇生長在一片堅硬的石灰質砂岩上，它的成因在砂岩上原是縱橫兩組節理互相交切的岩石，海水順著節理侵蝕，形成岩柱，因上層的岩石較下層堅硬，岩柱的下部被侵蝕成較細的柱子而上面頂托著一粗大

●臺東豐濱附近的小野柳，也可以看到海蝕景象。（上圖）

●野柳海蝕景象是臺灣珍貴的自然美景。（莊明穎攝影）（左頁圖）

●野柳是海蝕地景展現最淋漓盡致的舞臺。(上圖)

●出風鼻一帶的砂岩岸，也有美麗的海蝕地景。(左圖)

球狀岩石，像著名的女王頭。蕈狀石再經過一段時間亦會掉落，像和平島上可看到海蝕平臺上佈滿了石灰質塊石，即為早期掉落的蕈狀石。目前野柳女王頭的斷落；實為不可避免之自然現象。

燭臺石外型十分奇特，全世界尚未發現有相同的景觀，它成半圓錐，高約二公尺，柱頂中央當有一石灰質結核，邊上還有環狀溝槽，燭臺石之名即來自岩石的形如燭臺，而結核正如同燭焰。

除此之外，薑石、蜂窩狀岩穴、豆腐岩等亦為稀有的奇景。

東北角的海蝕奇景目前仍未普遍為大眾所認知，而有任意破壞或築九孔養殖池等鬧劇，要想加強全民的認知，一個完整的解說系統是比海豚表演場更重要。

# 第八章 熱帶雨林——植物之美

地球北緯二十度到南緯二十度之間，經年可受到陽光的照射，雨水又特別豐沛，是極利於植物生長的區域。這裡凡是有平地的地方，曾是一片片濃綠的森林，這森林中不但植物的種類異常繁多，生長得也特別茂盛，在植物學上稱之為「熱帶雨林」。

熱帶雨林是地球的綠帶，大氣層中大部分的新鮮氧氣，都是靠著熱帶雨林中，樹木行光合作用而補充，而在這濃密複雜的森林中，同時也育生了無數的珍禽異獸，是科學家們研究的好對象。只是隨著人口的劇增，對土地的需求，以及木材其他的多種經濟用途，本世紀以來，大部分的熱帶雨林都被砍伐開發了，只有婆羅洲、幾內亞、亞馬遜河流域尚有著大片熱帶雨林。

本省南部雖位於熱帶雨林生長的範圍中，但由於雨量分佈的不均

馬以工

匀，熱帶雨林的特徵不太明顯。在楓港溪以南的恒春半島南仁山附近，面積雖然只佔了五十多公頃，不過臺灣總面積百分之零點一四，但植物的種屬卻佔了臺灣植物種屬

● 稀有植物莎草蕨。（上圖）

● 墾丁國家公園的南仁山，有近似熱帶雨林的季風林。（右圖）

的一半，有二千多種不同的熱帶植物蘊生於此，如同一座天然的熱帶植物園。

熱帶雨林之美在它的複雜性，往往隔了很遠才能找到一株相同的樹木，這與千遍一律的木麻黃林或相思樹林是迥然不同，熱帶雨林的地面上，因為陰濕而多腐質層，是蘭科植物生長的溫床。熱帶雨林本身也有許多特色，像銀葉樹的「板根」，這是因為雨林中潮濕多沼澤，為了有助呼吸，靠近地表的側根，極度向上作二次生長，就形成了三角翼狀伸展的平板狀根。

在熱帶潮濕的環境裡，有些植物像榕樹，有許多下垂的呼吸根，當其伸入土壤中又會形成許多支柱根，有些巨大的白榕樹甚至有好幾十條支柱根，交錯而生，早已分不出主根在那裡了。在高溫的熱帶雨林中，有些植物如雀榕或幹花榕，

● 銀葉板根是熱帶雨林的特徵，為了支柱外，也增加根的呼吸面。（上、左頁圖）

● 樹冠整密及四層植物是原始森林的特徵。（上圖）

● 沼澤生態植物水杉，根部增大是為了支柱與增加呼吸面。（右頁圖）

● 菠蘿蜜的果實，是幹生花的結果。（上圖）

● 棋盤腳的花在半夜開，果實似粽子，可在海上飄浮，著陸後發芽，是典型海岸林植物。（劉伯樂攝影）（左圖）

會有許多花芽潛伏在樹皮下，當著生之枝條已形成樹幹時，穿過樹皮在外開花結果，植物學上稱之為「幹生花」。熱帶雨林中的另一特色是有藤本的植物纏生其間，加上許多附生的苜花增加了幾分神秘的氣氛。

複雜的熱帶雨林並不僅是濃綠繁茂美麗的森林，更是一片自神農氏以後，還沒有深入研究的藥用寶庫。世界野生物基金會調查，熱帶雨林目前正以每分鐘平均二十五英畝到五十英畝的急劇速率遭受砍伐，而恒春半島的熱帶雨林，亦同樣遭到砍伐及林相改良的厄運，天然植物群落卻是經過長久的自然演替而生成，一旦遭受破壞，是無法用人工來恢復的。

## 第九章

# 胎生植物
## ——紅樹之美

北緯三十度到南緯二十度之間的陸地，是一片茂密的熱帶雨林，在這一圈陽光充足，雨水充沛的區域，連河口海岸的水域中，也是生產力特別豐盛，長滿了植物。印度洋和太平洋之間，河口海岸的三角洲相互連接，分別延伸到中南半島、孟加拉灣、婆羅洲、新幾內亞、澳洲、南太平洋群島。一直到加勒比海灣及美國的佛羅里達，總面積超過四千萬公頃的水域都有植物生長，植物學家稱這些能在水中生長的喬木為紅樹林。

紅樹林名稱的由來，是在所有紅樹林十一科十六屬五十五種不同的植物中，有一種紅樹科的紅樹，開著紅色的花，枝幹也呈暗紅色特別醒目而得到紅樹林的通稱。紅樹

● 竹圍水筆仔是紅樹林成林的北界，也是臺灣地區面積最大的紅樹林。

科的另一個特色為，它是胎生植物。

所謂植物胎生，是植物的種子成熟後並不掉落，而直接在母樹上發芽，形成了根莖葉俱全的幼樹後，才落地繼續生長。紅樹科的植物是少數能夠胎生的植物，跟生長的環境是沼澤泥濘不利於種子發芽有很大的關係。

本省的紅樹林大多數在西海岸，尤以淡水河靠近竹圍面積約七十公頃的水筆仔純林規模最大。水筆仔是紅樹科，這片水筆仔純林是植物地理學上紅樹林成林者分布的北界，彌足珍貴。此外在東石、布袋、急水溪口等地亦有同屬紅樹科五梨跤及非屬紅樹科的海茄苳及欖李混生的紅樹林。臺灣原來尚有紅樹科的紅茄苳及細蕊紅樹，但目前已絕跡。

淡水河口的水筆仔在夏天開白

● 紅樹林的生長地是海岸河口的溼地。(上圖)

● 水筆仔一年生的幼樹。(右頁圖)

● 難得一見的水筆仔開花景象。（上圖）

● 掛滿了胎生幼苗的水筆仔紅樹林。（左圖）

色的小花，形狀如星，到了秋天結成一粒粒不過一公分立方的種子，水筆仔是胎生植物，種子自是繼續在母樹上發芽，整個的秋冬，種子長出的胚莖不斷地茁壯，到春初已如同一隻隻的筆管，掛滿在母樹上。胚莖的端點有極細小的根，在連接母樹的宿存萼中，並生有兩片子葉，這時的種子已長成了水筆仔幼樹，可掉落到母樹下的泥沼中繼續生長，或隨著潮水漂流到他處著根。

紅樹林的美麗，並不只在它綠油油的一片叢林，它的落葉腐敗後是潮水中的有機質，成為水中微生

物的養分，間接地使得紅樹林及附近水域內有許多的螃蟹、牡蠣、魚蝦，更是許多有經濟價值魚類孵育繁生的場所。豐富的食物吸引了鷺鳥在紅樹林間營巢，竹圍的紅樹林水域中，曾發現過已瀕臨絕滅的唐白鷺，紅樹林的存在是與水域、陸上、天空中所有的生物息息相關，這正是生態學的基本定理。

● 布袋東石一帶的紅樹林，是五梨跤不是水筆仔紅樹。（上圖）

● 紅樹林沼澤中生態豐富，很容易就看到動物在地面上遺留的痕跡。（王庭玫攝影）（下圖）

● 繁密的水筆仔，因為是胚莖，頂端有根芽，上方又有二片子葉，有了根、莖、葉就不是種子，是胎生的幼樹。（右頁圖）

國家圖書館出版品預行編目資料

自然之美／馬以工著.----增訂一版----臺北市
：文建會，民 88
面；　　公分，----（文化資產叢書系列．自然文化景觀類）
ISBN　957-02-4352-X（平裝）
1.自然地理-臺灣
673.23　　　　　　　　88008532

文化資產叢書〔自然文化景觀類〕
# 自然之美
著者／馬以工

著作財產權人／行政院文化建設委員會
發 行 人／林澄枝
發行及展售／文建會文字影音出版品展售中心／台北市愛國東路 100 號
電話：(02) 23434168／ 傳真：(02) 23946574
編輯製作及代理發行／藝術家出版社／台北市重慶南路一段 147 號 6 樓
電話：(02) 23719692-3／傳真：(02) 23317096
審　　查／徐國士、王鑫
策　　劃／陳德新
行政編輯／吳麗珠、吳淑英
圖片攝影／馬以工、徐國士、謝孟雄、劉伯樂、王庭玫、大自然雜誌
執行編輯／王庭玫、魏伶容、林毓茹

總 經 銷　時報文化出版企業股份有限公司
中和市連城路134巷16號
TEL：(02) 2306-6842

南部區域代理　吳忠南
台南市西門路一段223巷10弄26號
TEL：(06) 2617268
FAX：(06) 2637698

出版日期／中華民國八十八年六月（增訂一版）
定　　價／160 元